# ÉTUDE

SUR

# L'ARTICLE 184

DU

# CODE DE JUSTICE MILITAIRE

PAR

GEORGES LECOCQ

AVOCAT A LA COUR D'APPEL D'AMIENS

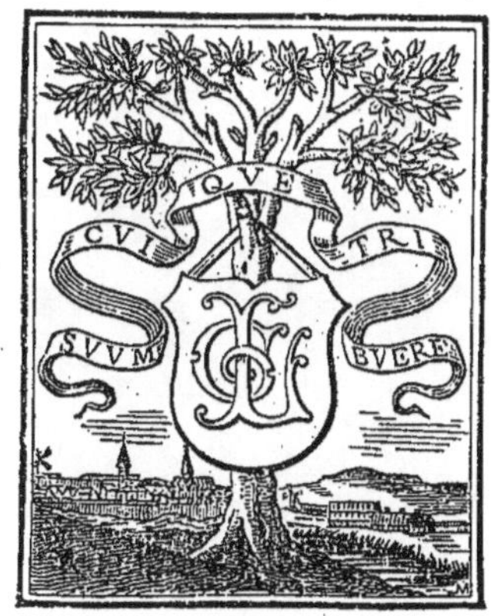


PARIS

LIBRAIRIE MARESCQ AINÉ, ÉDITEUR

20, RUE SOUFFLOT, 20

1878

# ÉTUDE

SUR

# L'ARTICLE 184

DU

## CODE DE JUSTICE MILITAIRE

AMIENS. — IMP. DELATTRE-LENOEL, RUE DES RABUISSONS, 30.

# ÉTUDE

SUR

# L'ARTICLE 184

DU

# CODE DE JUSTICE MILITAIRE

PAR

GEORGES LECOCQ

AVOCAT A LA COUR D'APPEL D'AMIENS

PARIS

LIBRAIRIE MARESCQ AINÉ, ÉDITEUR

20, RUE SOUFFLOT, 20

1878

# ÉTUDE

SUR

# L'ARTICLE 184

DU

## CODE DE JUSTICE MILITAIRE

Le Code de Justice militaire a déjà été l'objet de commentaires fort remarquables qui sont toujours consultés avec fruit ; il est cependant un point sur lequel on ne s'est guère arrêté jusqu'ici et qui mérite, selon nous, un examen attentif. En effet, plusieurs affaires jugées dans le court espace de quelques mois nous ont fait sentir vivement et toucher du doigt les difficultés nombreuses, nous dirons presque les dangers qu'offre l'application de l'article 184.

Avant d'entrer dans la discussion de cet article il est bon d'en placer le texte sous les yeux du lecteur : « Les dispositions du chapitre v du titre vii du livre II

» du Code d'Instruction criminelle, relatives à la prescription, sont applicables à l'action publique résultant d'un crime ou délit de la compétence des juridictions militaires, ainsi qu'aux peines résultant des jugements rendus par ces tribunaux.

» Toutefois, la prescription contre l'action publique résultant de l'insoumission ou de la désertion ne commence à courir que du jour où l'insoumis ou le déserteur a atteint l'âge de quarante-sept ans.

» A quelque époque que l'insoumis ou le déserteur soit arrêté, il est mis à la disposition du Ministre de la Guerre pour compléter, s'il y a lieu, le temps de service qu'il doit encore à l'Etat. »

Dans cet article, le § 1er ne peut embarrasser personne ; il renvoie purement et simplement au Code d'Instruction criminelle (art. 635 et suiv.) et cela se comprend : les principes qui ont fait admettre la prescription en matière criminelle — et qui sont trop universellement approuvés pour que nous ayons à en parler ici — devaient l'introduire dans le Code de Justice militaire.

On a néanmoins pensé, non sans raison, qu'il fallait faire quelques réserves ; d'où le second paragraphe. C'est sur celui-ci que nous voulons attirer toute l'attention du lecteur, car il nous semble, malgré sa clarté apparente, être assez obscur.

Nous nous demandons si les termes dans lesquels il est conçu ne sont pas trop généraux ; si même ils sont, depuis les lois nouvelles sur l'organisation de l'armée, en parfaite concordance avec l'esprit et le texte de ces lois. Pour trouver la réponse il n'y a qu'à chercher quels sont les motifs qui ont déterminé le législateur : il a eu en vue le caractère de l'insoumission et de la désertion. Ce délit, comme on sait, est successif, continu ; tous les jours il se renouvelle : un soldat quitte son régiment le 1er janvier 1872, il n'y rentre qu'en 1878 ; sans doute, l'action publique pour la désertion de 1872 à 1875 sera prescrite, mais à partir du 1er janvier 1875 jusqu'en 1878 le déserteur (1) aura encore commis une série de délits qui donnent lieu à une poursuite et la justifient pleinement.

Comme les déserteurs, d'habitude, ne reviennent pas au corps ; qu'ils se constituent prisonniers (dans la plupart des cas) alors seulement qu'ils n'ont plus de moyens d'existence ; que souvent même ils sont arrêtés par la gendarmerie, une instruction est immédiatement ouverte, et nous comprenons très bien les dispositions de l'article 184. On n'a pas voulu et on ne pouvait permettre aux coupables des délits d'insoumission ou de désertion d'invoquer, en sorte d'excuse, la date éloignée à laquelle remonte leur faute, puisque la longue durée de cette faute, si on en tenait compte, constituerait une circonstance aggravante.

---

(1) Nous examinons de préférence la situation du déserteur dont le cas est plus grave, mais celle de l'insoumis est, juridiquement, la même ; il n'y a entre les deux d'autre différence que celle résultant de la durée de la peine.

Le législateur, en édictant cet article 184, a donc été guidé uniquement par ce qui arrive presque toujours (*quod plerumque fit*) et il n'a pas songé à des cas particuliers qui ont dû se présenter en assez grand nombre. En présence d'un de ces cas, quelle est la conduite des parquets militaires ? Ils ont la loi sous les yeux, ils se préoccupent surtout de son texte, ils sont frappés de ses termes si nets, si formels, si catégorique (en apparence, du moins) ; alors ils se pensent obligés de poursuivre des malheureux qui se croyaient pour toujours à l'abri des atteintes de la justice.

Quelques exemples feront mieux connaître notre pensée ; nous les choisirons, autant que possible, autour de nous : nous les prendrons tels qu'ils s'offrent à nous, non pas créés par une imagination fantaisiste, mais réels et incontestables. Voici d'abord l'histoire d'un récidiviste qui a été jugé et acquitté par le Conseil de guerre du 2e Corps d'armée : l'acte d'accusation ou, pour parler plus exactement, *le Rapport* était conçu en ces termes.

« G...... a été incorporé au 3e régiment de ligne » comme appelé. Le 24 avril 1868, il était condamné » pour désertion à 2 ans de prison par le 2e Conseil de » guerre de la 9e division militaire. Grâcié du restant » de sa peine par décision impériale du 8 août 1869, » il passe au 87e de ligne.

» Dès son arrivée à ce régiment, G...... entre à » l'hôpital, y reste trois semaines et obtient à sa sortie

» une permission de 8 jours pour aller à Vergniolles » son pays. Cette permission expirée, il se fait délivrer » un billet d'hôpital à Foix, où il reste jusqu'au » 29 octobre 1869 ; et comme il ne se trouve pas » suffisamment guéri, il se rend à ses frais aux eaux » d'Ussat, et y passe environ un mois. Sachant alors » qu'il était déclaré déserteur, il ne veut plus rentrer » à son corps et se place comme cultivateur à Vernecle » (Hérault). Il s'engage, dit-il, le 7 septembre 1870, au » 2e régiment de zouaves, à Béziers, est versé au 99e » puis au 47e de marche, où il aurait fait la campagne » de la Loire et aurait été fait prisonnier à Vendôme. » La guerre finie, G...... retourne près de son pays et » travaille dans les environs de Capestang (Hérault).

» G...... n'a pas fait la déclaration de changement » de domicile prescrite par la loi du recrutement de » 1872. Il n'a pas fait cette déclaration parce que, dit-il, » je ne pouvais dire à la gendarmerie que j'étais déser- » teur.

» Au reste, tout le monde dans son village devait, » suivant lui, connaître le lieu de sa résidence, et il » ne peut s'expliquer que l'on ait mis autant de temps » à l'arrêter, puisqu'il faisait partie de l'armée terri- » toriale et qu'il s'est présenté aux deux appels destinés » à reconnaître les officiers.

» Quoiqu'il en soit, G...... a emporté lors de sa » désertion, un habit, une capote, un pantalon de drap » et un bonnet de police. Il aurait usé ces effets pendant » la guerre de 1870.

» En conséquence, notre avis est qu'il y a lieu de » demander à M. le général, commandant la 2e région » de corps d'armée, la mise en jugement du nommé » G......, prévenu de désertion à l'intérieur en temps » de paix, avec emport d'effets d'habillement, délit » prévu et puni par les articles 231 et 232 du Code de » Justice militaire. *Signé* : ROCAUD. »

Le défenseur, après avoir montré la bonne conduite de l'accusé pendant la guerre, ce qui assurait à son client le bénéfice des circonstances atténuantes, s'est ensuite placé sur le terrain du droit ; il a soutenu que G.... (1) ayant fait la campagne de 1870-71, ayant répondu aux appels de l'armée territoriale avait à partir du moment où il était entré dans l'armée, enlevé au délit qu'il avait commis le caractère de continuité ; qu'il était, en conséquence, fondé à invoquer la prescription. C'est le point sur lequel le défenseur a particulièrement insisté, et bien que le jugement (comme presque toutes les décisions de la juridiction militaire) ne contienne aucun considérant, il y a lieu de croire que le Conseil adopta cette interprétation de l'article 184 puisqu'il renvoya G...... des fins de la plainte.

---

(1) G.... s'étant engagé le 5 Septembre dans le 2e zouaves au lieu de retourner à son corps, le 87e de ligne, n'avait pas, d'après l'accusation, bénéficié du décret d'amnistie rendu en faveur des déserteurs qui reviendraient servir la France.

Voici maintenant une seconde affaire qui a été jugée par le même Conseil de guerre ; pour la faire connaître, M. le substitut du capitaine rapporteur s'exprime ainsi :

## RAPPORT

« B...... s'est engagé volontairement, pour 7 ans,
» en 1864 et est arrivé au corps le 11 janvier de cette
» même année ; nommé caporal le 6 juin 1875, il n'a
» été maintenu que 7 mois dans ce grade et a été
» cassé le 25 février suivant.

» Traduit devant un conseil de discipline, il a été
» envoyé en 1867, à la 2e compagnie de fusiliers où il
» est resté jusqu'au 4 décembre 1868. A cette dernière
» date, un ordre du ministre de la guerre l'a placé au
» 61e de ligne qu'il a quitté pour aller en congé illi-
» mité jusqu'à son passage dans la réserve, lequel
» eut lieu le 21 février 1870.

» L'information n'a pu se procurer le relevé des pu-
» nitions subies par le prévenu dans la première
» partie de son service militaire, mais les renseigne-
» ments qui précèdent indiquent surabondamment
» que B...... ne se conduisait pas d'une manière exem-
» plaire.

» Réintégré à l'effectif le 19 juillet 1870, par suite
» de la déclaration de guerre, l'inculpé est rentré dans
» l'armée active et était caporal au 125e de ligne,
» lorsqu'il a commis le délit de désertion qui motive
» la poursuite dont il est l'objet.

» Il convient de faire remarquer que le régiment
» dont il faisait partie, était alors à Paris et que la
» désertion a eu lieu le 8 janvier 1871, c'est-à-dire en
» temps de guerre.

» Depuis le jour où il a abandonné son corps, jus-
» qu'à l'amnistie, B...... est resté oisif dans Paris.
» La circulation ayant été rétablie, il est allé dans sa
» famille à Auxi-le-Chateau, puis il a habité Hesdin
» (Pas-de-Calais) et est venu enfin se fixer à Amiens,
» où il a été arrêté, le 6 février dernier par la gendarmerie.

» En quittant son corps, il a emporté divers effets
» d'habillement qu'il n'a pu représenter. L'état au-
» thentique en est joint au dossier et comprend : une
» capote, une veste, un pantalon et un képi.

» Interrogé sur les motifs qui l'ont déterminé à
» abandonner son régiment, le prévenu dit que, l'é-
» poque de la délibération étant arrivée, il a fait des
» démarches infructueuses pour obtenir sa radiation
» des contrôles, qu'au même moment il a appris que
» sa femme était dangereusement malade, et que
» c'est sous l'impression de cette pénible nouvelle
» qu'il a quitté le corps. Il n'avait pas, dit-il, l'inten-
» tion de se soustraire au service militaire, mais dé-
» sirait, comme c'était son droit, en qualité de marié
» et père de famille, servir dans la garde nationale.

» Il est vrai que l'époque de la délibération défini-
» tive de B...... était arrivée et qu'il eut dû, en temps
» ordinaire, être rayé des contrôles le 8 janvier 1871 ;

» mais les démarches qu'il a faites lui ont fait con-
» naître, s'il avait pu l'ignorer, que, en raison de la
» guerre, il pouvait être maintenu au delà du terme
» de son engagement. Il avoue que l'intendant, à qui
» il s'est présenté pour réclamer son congé lui a ré-
» pondu *qu'on ne délivrait point de congé en temps de*
» *guerre.*

» Quant à la maladie de sa femme, si nous trouvons
» respectable la douleur qu'il en a ressentie, nous ne
» pouvons y voir une excuse à une faute si grave.

» Disons, d'ailleurs, qu'il n'a pas déserté pour se
» rapprocher d'elle, puisqu'elle était en province,
» tandis qu'il se trouvait, lui, enfermé dans Paris.
» Enfin, si le prévenu avait des droits à servir dans
» la garde nationale plutôt que dans l'armée active,
» ne devait-il pas savoir qu'il appartenait à l'autorité
» seule de les examiner ; et pouvait-il ignorer, lui
» qui comptait 5 ans 1/2 de services, qui avait été et
» était encore caporal, pouvait-il ignorer, disons-nous,
» qu'il ne pouvait en aucun cas quitter son corps sans
» un congé régulier ?

» La bonne foi avec laquelle il prétend avoir agi ne
» saurait, selon nous, être admise.

» Questionné au sujet des effets militaires qu'il a
» emportés, B...... a répondu qu'il les avait trans-
» formés en effets bourgeois et qu'il a cru en avoir le
» droit.

» En conséquence, notre avis est qu'il y a lieu de
» mettre en jugement le nommé B......, comme pré-

» venu de désertion à l'intérieur en temps de guerre,
» avec emport d'effets d'habillement qu'il n'a pu re-
» présenter. *Signé* : NICOLAS. »

B...... a été acquitté à l'unanimité sur toutes les questions ; diverses raisons amenèrent le Conseil à ce jugement ; d'abord et avant tout la situation très-intéressante de la femme et des jeunes enfants de l'accusé. D'autres motifs militaient en faveur de l'acquittement : B.... n'avait pas manqué, depuis son retour dans sa famille, de faire les déclarations exigées par la loi à chaque changement de résidence ; il avait donc, par cela même, enlevé, lui aussi, le caractère de continuité au délit qu'on lui reprochait. Bien plus, il avait été récemment nommé sous-officier dans l'armée territoriale, ce qui amenait même ce résultat que la plainte, émanant de M. le colonel du 25e de ligne, n'était pas recevable aux termes de l'article 95 du Code de Justice militaire. Il y avait là, on le voit, plus d'éléments qu'il n'était nécessaire pour obtenir la mise en liberté de B..... Mais admettons, et ce ne sera pas nous écarter beaucoup de la réalité des faits, que la première déclaration de B..... à la gendarmerie remonte, non pas à deux ans et quelques mois, mais à plus de trois ans, est-ce que malgré le § 2 de l'article 184 la prescription n'aurait pas été acquise ? est-ce qu'une condamnation aurait pu ou dû intervenir ?

Terminons par une troisième espèce :

Supposons un jeune homme qui s'engage en 1868,

il a alors 19 ans. Arrivé au corps, la nostalgie le prend : bientôt après il déserte. L'année suivante, arrive le tirage au sort, il s'y présente, passe la révision, est réformé. Le voilà en parfaite sécurité. Il vit tranquille, se crée une position dans le monde où chacun l'estime, quand un beau jour, en 1877 ou 1878, les gendarmes se présentent chez lui, l'arrêtent, l'emmènent en prison, et il sera traduit en Conseil de guerre ! Il n'a pas quarante-sept ans, il a déserté, on invoque contre lui l'article 184. Mais cet article ne s'appuie que sur le caractère successif du délit ; or, ici, est-ce que ce caractère n'a pas complètement, totalement disparu à partir du jour où le conseil de révision (dont les décisions sont irrévocables) a déclaré le jeune homme impropre au service. Dès ce jour-là, il n'est plus soldat : il ne peut donc plus être déserteur ! Dès ce jour-là, par conséquent, court le délai de trois ans à l'expiration duquel l'action publique sera prescrite.

Voila ce qu'indiquent le bon sens, la justice, l'équité.

Dans les cas que nous venons de signaler et dans tous autres semblables, les juges ne peuvent éprouver d'embarras. Sans doute il y aura sur le banc des accusés un homme de moins de quarante sept ans ; sans doute l'article 184 sera placé sous leurs yeux : ils peuvent, cependant, et ils doivent acquitter le prévenu car le texte invoqué par M. le commissaire du gouvernement est inapplicable en l'espèce.

Ainsi donc, une condamnation en de telles circonstances, serait contraire à une saine interprétation de la loi ; mais de plus, elle serait, parfois, inhumaine et frapperait des innocents.

En effet, dans les affaires de ce genre, on voit le prévenu rentrer dans sa famille, rester de longues années dans son pays natal, et, là, se montrer, aux yeux de tous, fidèle observateur des lois et règlements militaires. Qui pourrait penser, dans ces conditions, quand depuis longtemps il est bon citoyen, que cet homme est un déserteur passible des peines prononcées par les tribunaux militaires ? Personne ne songera à lui faire d'objection à ce sujet, et quand il se mariera, tout le monde, lui-même le premier, croira qu'il est sûr de n'être jamais inquiété. Le voila marié, bientôt père, à la tête d'un petit établissement qui ne marche que par lui et dont les faibles bénéfices suffisent difficilement à nourrir et élever ses enfants : un jour, sept, huit ou ans après sa désertion on l'arrête, au grand étonnement du pays ; on le jette en prison, et cette incarcération de plusieurs semaines aura pour premier résultat la faim et la misère au foyer domestique, en attendant la honte et le deshonneur, si la justice frappe ce malheureux ! Est-ce humain, est-ce équitable ? Quel père aurait consenti au mariage de sa fille s'il avait su la donner à un déserteur ? Mais direz-vous, il devait se renseigner. — Comment aurait-il conçu le moindre doute, en voyant la conduite depuis longtemps régulière de son futur gendre ; si même contre toute vraisemblance, quelque crainte était, par impossible, entrée en son esprit, qui aurait pu lui dire qu'elle était fondée ?

Ainsi donc, à quelque point de vue que nous nous plaçions, nous voyons que l'application littérale de l'article 184 aurait les plus fâcheux résultats. Mais puisque le législateur a eu pour but unique le triomphe de la vérité et de la justice, il n'a pu vouloir cette iniquité : par conséquent, il faut, de toute nécessité, rechercher quelle a pu être son intention en écrivant dans le Code cet article, et les principes généraux du droit, l'esprit même de la loi permettront d'interprêter ce texte dans son sens véritable.

Ce n'est pas, d'ailleurs, la seule discussion que soulève le paragraphe dont nous nous occupons : « la prescription, dit-il, ne commence à courir que du jour où l'insoumis ou le déserteur a atteint l'âge de *quarante-sept ans.* »

Pour comprendre cette disposition, il ne faut pas oublier que le Code de Justice militaire a été voté en 1857 ; qu'à cette époque on était sous l'empire de la loi du 26 avril 1855. Or, cette loi en son article 11, dit que la durée des rengagements « est réglée de manière que les militaires ne soient pas maintenus après l'âge de 47 ans. » Grâce à ce rapprochement, tout s'explique, et il est facile de voir pourquoi l'article 184 prend cet âge de 47 ans comme point de départ de la prescription. Mais aujourd'hui, la loi de 1872 déclare que les rengagements ne sont renouvelables que jusqu'à l'âge de 29 accomplis pour les caporaux et soldats, et 35 ans accomplis pour les sous-officiers; enfin, à 40 ans, le soldat est libéré de tout service militaire.

Il résulte de la loi de 1872 que la prescription devra commencer à courir à partir du jour où l'accusé a atteint l'âge de 40 ans. C'est là un point fort intéressant et qui pourtant semble avoir passé inaperçu. M. Champoudry, adjudant-greffier près le 2e Conseil de guerre de Paris, dans son *Manuel des Tribunaux des armées de terre et de mer* (1) ne prévoit pas cette solution et il maintient l'âge de 47 ans comme devant être le point de la prescription : admettre cette doctrine serait, selon nous, commettre une erreur manifeste. Dira-t-on que le texte de l'article 184 est formel. Qu'importe ! Ses termes, si nets qu'ils fussent, ont été abrogés, tacitement tout au moins, par la loi nouvelle. Est-ce que ce n'est pas un principe généralement admis, que toute loi nouvelle abroge ce que les lois antérieures ont de contraire à ses dispositions ? Ceci est de toute évidence ; il n'y a pas lieu d'y insister.

Quant au troisième paragraphe de l'article 184, il s'entend aisément : un déserteur une fois sa peine accomplie, ou même acquitté (2), est tenu de compléter

---

(1) Page 58, nos 381 et 382. Cet ouvrage, très utile d'ailleurs, vient de paraître tout récemment.

(2) L'acquittement indique que l'accusé *n'est pas coupable*, d'avoir déserté, mais ne dit pas qu'il n'a pas déserté.

le temps de service qui lui restait à faire. Les premiers mots cependant « *à quelque époque* que l'insoumis ou le déserteur soit arrêté, » ont paru excessifs.

M. Pradier Fodéré, un des meilleurs commentateurs en cette matière, s'appuyant sur ce que les Français ne sont tenus au service que jusqu'à 40 ans, dit qu'à partir de cet âge les déserteurs ou insoumis seront encore tenus à la disposition du ministre, mais que celui-ci ne pourra statuer à leur égard.

M. Champoudry reconnaît qu'à partir du jour où la prescription commence à courir « l'Etat n'a plus aucun intérêt à revendiquer les services du déserteur ou de l'insoumis, bien qu'il s'en réserve théoriquement le droit. » M. Duvergier trouve les termes de la loi tellement absolus que, suivant lui, l'Etat peut toujours réclamer le service du déserteur.

Qui a raison ? Evidemment, celui qui propose l'interprétation la plus sensée : or, que signifie ce droit théorique dont l'Etat ne se servira jamais ; ce pouvoir dont on n'usera pas, mais en vertu duquel on pourrait contraindre un homme de 50 ans et plus, un vieillard même, à redevenir soldat pour quelque temps ? Si jamais semblable mesure était prise (la pensée n'en viendra pas à un ministre français) elle serait aussi ridicule qu'odieuse ; et nous ne pouvons que répéter ce que nous avons déjà dit plus haut, le législateur ne veut que des solutions pratiques et justes. L'expression ici, comme dans d'autres parties de cet article, a pu trahir sa pensée, mais ce serait évidemment aller au-delà de sa volonté que de ne pas admettre la libération absolue pour tout soldat âgé de 40 ans.

Telles sont les réflexions que nous a suggérées l'article 184 du Code de Justice militaire. Nous avons la conviction que, malgré la netteté apparente de ses termes, il avait besoin d'être expliqué et que pour l'entendre sainement il fallait rechercher quel avait été le dessein des auteurs du Code. En présence des difficultés qui se sont déjà présentées et qui peuvent encore surgir à cet égard devant les tribunaux militaires, il nous a paru qu'il ne serait peut-être pas sans quelque utilité de consacrer une courte étude à cette question intéressante : c'est ce que nous avons fait, en essayant de montrer, à travers la lettre de la loi, l'esprit toujours équitable et humain du législateur.

Amiens. — Imp. de DELATTRE-LENOEL, rue des Rabuissons, 30.

AMIENS
TYPOGRAPHIE DELATTRE-LENOEL
30, Rue des Rabuissons, 30.

www.ingramcontent.com/pod-product-compliance
Lightning Source LLC
LaVergne TN
LVHW020501230826
846091LV00008BA/3304

* 9 7 8 2 0 1 9 9 3 5 1 1 5 *